Daniel Cédric Aurélien Sok-Mbang

La Phénoménologie de la personne

AF571564

Daniel Cédric Aurélien Sok-Mbang

La Phénoménologie de la personne

L'homme à 360°

Éditions Croix du Salut

Imprint
Any brand names and product names mentioned in this book are subject to trademark, brand or patent protection and are trademarks or registered trademarks of their respective holders. The use of brand names, product names, common names, trade names, product descriptions etc. even without a particular marking in this work is in no way to be construed to mean that such names may be regarded as unrestricted in respect of trademark and brand protection legislation and could thus be used by anyone.

Cover image: www.ingimage.com

Publisher:
Éditions Croix du Salut
is a trademark of
International Book Market Service Ltd., member of OmniScriptum Publishing Group
17 Meldrum Street, Beau Bassin 71504, Mauritius

Printed at: see last page
ISBN: 978-3-330-31651-5

Copyright © Daniel Cédric Aurélien Sok-Mbang
Copyright © 2019 International Book Market Service Ltd., member of OmniScriptum Publishing Group

INTRODUCTION

On a trop souvent perdu le temps à spéculer sur l'origine de tout ce qui existe, oubliant peut-être, la question la plus importante de toutes : celle de la personne. C'est dans cette optique que vont se démarquer certains penseurs qui ont su tirer de cette discipline l'essentiel, en basant toute leur réflexion sur l'homme dans toute sa nature. C'est la naissance d'une nouvelle philosophie qui oriente son objet non plus vers ce qui est à l'origine de toute chose (en grec *archè*), mais vers « la recherche de l'humanité de l'homme »[1] dans ce qu'il a d'original, de particulier. C'est l'essence de l'homme qui est pris en compte, c'est tout l'homme qui est revisité. Il est ainsi considéré comme le socle même de la philosophie en son sens originel étant donné que c'est le sujet à partir duquel l'on a possibilité de connaissance. La philosophie nouvelle part de lui pour l'atteindre de nouveau. En d'autres termes, il est l'*alpha* et l'*oméga* de la philosophie.

L'existence de l'homme traduit la cogitation philosophique qui soulève une interrogation qui est un « pourquoi » qui intègre toutes les dimensions de la vie. L'homme est de nature transcendantale ; ce qui veut dire qu'il est être de dépassement, être au-delà de lui-même (dans la mesure où il en prend

[1] Abbé Léon Coly, *Vérité de l'histoire et destin de la personne humaine*, l'Harmattan, 2000, p. 2.

conscience), en perpétuel cheminement, une réalité en continu. Ce qui nous pousse à penser avec l'Abbé Coly que : « L'homme est acte de dépassement et acte jamais achevé, jamais saisissable comme une réalité achevée »[2]. Le fait d'introduire l'homme dans la philosophie et d'en faire la pièce maitresse n'est d'aucune altération pour la discipline. On est en plein dans la découverte d'un horizon nouveau, et la discipline prend un autre nom : l'Anthropologie (du grec *anthrôpos*, homme et *logos*, discours, par extension science). On dira alors que l'anthropologie est le discours sur l'homme, la science qui étudie l'homme. Mais insérée dans la philosophie, elle devient discours ou réflexion philosophique sur l'homme, par opposition au positivisme, au biologisme.

Et Madeleine Grawitz de concevoir comme Anthropologie philosophique, cette discipline qui « veut étudier l'homme en tant que totalité psychophysique, irréductible à une explication déterminante de type causal »[3].

Le problème qui émerge le plus par rapport aux autres problèmes et qui nous donne matière à réfléchir c'est la détermination de la place que l'homme occupe et la qualité de ses rapports avec ce qui l'entoure, afin de mieux appréhender la fin vers laquelle il s'achemine. Tout ceci émerveille d'une manière toujours plus nouvelle et avec un intérêt immuable, chaque homme qui vient dans le monde.

Socrate, on peut déjà le dire avait si bien compris l'importance de la question sur l'homme lorsque voulant combattre la tendance sophiste de son époque, il invitait ses contemporains à la connaissance de soi. On peut déjà marquer là le début de la réflexion sur l'homme. L'invitation de Socrate va se prolonger jusqu'à notre époque sous la formule : *Qui est l'homme ?*

C'est en effet à partir de cette question de savoir qui est l'homme que s'inspireront nombre de penseurs. Pour Karl Marx, l'homme est sujet économique. Il est instinct selon Sigmund Feud, ou encore Ex-istent (*Dasein*),

---

[2] *Ibidem*, p.180.
[3] Madeleine Grawitz, *Lexique des Sciences Sociales*, Dalloz, P.U.F., 8e édition, Paris, 2004, p. 20.

avec Martin Heidegger. L'homme serait l'être religieux chez Tuckman, ou sujet herméneutique avec Gadamer et culturelle pour Gehlen. Une touche nouvelle sera apportée par Emmanuel Mounier qui pensera l'être humain comme *personne*, c'est-à-dire comme réalité ne pouvant être ramenée au rang d'objet pour la science, mais comme être en relation avec son milieu, avec les autres êtres : c'est le personnalisme. Et au sens de Madeleine Grawitz, c'est une « doctrine affirmant la primauté de la personne. Elle s'oppose à l'individualisme autant qu'à l'étatisme »[4] .

L'usage commun pour sa part, définit le personnalisme comme étant ce courant de pensée philosophique qui admet comme valeur majeure la personne humaine dans son ensemble. André Lalande perçoit cette notion sous deux angles : c'est à Renouvier qu'on l'attribue, faisant d'elle (cette notion) « la catégorie suprême, et le centre de sa conception du monde (…) »[5]. Pour terminer, Lalande lui attribue la définition suivante : « Doctrine morale et sociale fondée sur la valeur absolue de la personne, exposée dans le *Manifeste au service du personnalisme*, d'Emmanuel Mounier. (…) Le personnalisme se distingue de l'individualisme et souligne l'insertion collective et cosmique de la personne »[6]. Cependant, il est important de dévoiler ce que cache le terme personne.

Par personne, on entend bien *l'être humain doté d'une dimension physico-morale*. Le terme depuis sa création a connu une dynamique de sens. Le mot personne vient du latin *persona* qui renvoie aux masques que jadis les acteurs utilisaient pour incarner un personnage. Cette notion renferme en son sein une signification publique et sociale. Du point de vue de la philosophie, la notion de personne n'a nullement besoin d'être recherchée dans l'Antiquité. Avec l'avènement du Christ, on peut sans risque aucun attribuer au christianisme ce privilège d'avoir été à l'origine de ce mot dans toute son acception actuelle. Le

4 Madeleine Grawitz, op. cit, p.311.
5 André Lalande, *Vocabulaire technique et critique de la philosophie*, Quadrige/P.U.F., 2e édition, 2006, p. 756.
6 *Ibidem*, p.757.

Concile Vatican II nous le dit si bien en ces termes : « En réalité, le mystère de l'homme ne s'éclaire vraiment que dans le mystère du Verbe incarné. Adam, en effet, le premier homme était la figure de celui qui devait venir, le Christ Seigneur. Nouvel Adam, le Christ, dans la révélation même du mystère du Père et de son amour, manifeste pleinement l'homme à lui-même et lui découvre la sublimité de sa vocation. »[7]

Mais avec Emmanuel Kant à la période moderne, une conception de la personne va naitre, faisant de celle-ci un être moral, pièce motrice de la pensée. Kant va penser l'homme comme étant naturellement moral en vue de la raison dont il fait usage et par laquelle il est rappelé à ses obligations. Dans son impératif catégorique, on peut déceler la notion de personne, lorsque lui-même affirme : « (…) On donne le nom de *personne* aux êtres raisonnables, parce que leur nature même en fait des fins en soi, c'est-à-dire quelque chose qui ne doit pas être employé simplement comme un moyen, et qui, par conséquent, restreint d'autan l'arbitre de chacun (et lui est un objet de respect) »[8].

La personne est donc présentée comme l'être qui assume l'humanité dans sa dimension morale. Ainsi vue par Kant, elle est une combinaison de droits et de devoirs, elle est une valeur absolue. Reconnaitre de ce fait la personne comme valeur absolue, c'est faire de cette dernière un sujet à respecter en tout et absolument. La France, avec Mounier sera le berceau de cette doctrine dite personnaliste qui fait de la personne le principe de toutes les valeurs, se définissant dès lors par ce qu'elle a d'intérieur, mais aussi d'extérieur. Réfléchir sur la personne requière une certaine lucidité. Partant de ce que notre monde nous offre comme théâtre quasi dramatique avec ces guerres à n'en plus finir, ces catastrophes humaines et naturelles, la naissance et la montée des idées et idéologies diverses qui impriment sur l'humain d'autres marques que celles auxquelles il est destiné, nous voulons nous situer et montrer que l'être humain

[7] *Gaudium et spes* n° 22, in *Concile Œcuménique Vatican II*, édition du Centurion, Paris, 1967, p. 235.
[8] Emmanuel Kant, *Fondements de la métaphysique des mœurs*, édition Univers des Lettres Bordas, Paris, 1988, p. 61.

est un être fondamentalement social et de sa relation aux autres dépend son accès à l'humanité, contrairement à ce que font penser certains qui le réduisent au statut d'objet appelé à l'individualisme.

Après avoir fait ressortir le côté phénoménologique de la personne, notre réflexion s'étendra sur la personne vue à notre époque, dans ce qui la constitue essentiellement.

PARTIE I

LA PHENOMENOLOGIE DE LA PERSONNE

Nous nous intéresserons à tout ce qu'il y a d'extérieur à l'homme, sans toutefois réduire la personne au statut d'objet. C'est dans les différentes manifestations de l'homme que l'on pourra le cerner, pour ainsi l'aider à arrimer son comportement vis-à-vis de lui-même et vis-à-vis d'autrui avec qui il est appelé à vivre et à partager son existence.

Compte tenu du fait que la personne ne peut être réduite à un objet que l'on divise et regarde, il est nécessaire de faire tourner l'analyse autour de l'univers construit par la personne elle-même, en vue de rendre beaucoup plus compréhensible les structures ou les différentes couches qui la constituent. Chacune des couches ne trouvant sa vérité que dans le rapport avec les autres.

Le terme « phénoménologie » ici employé prend un tout autre sens, car on sort du classicisme aristotélicien ou encore de la scolastique de Duns Scot ou de Thomas d'Aquin à la période médiévale, on traverse également la philosophie des idées développée par Kant dans les temps modernes pour enfin pénétrer l'être au plus profond de sa signification.

On ne spécule plus sur l'essence de telle ou telle chose, mais maintenant, il s'agit de la chose telle qu'elle nous apparaît. La phénoménologie, vient du grec « *phainomenon* » qui signifie ce qui apparaît et *« logos »,* étude. Elle est donc « la science de ce qui apparait à la conscience ». La phénoménologie part de ce qui se vit et se voit, et en fait une description[9].

[9] *www.wikipédia.fr//phenomenologie.*

Parler de la phénoménologie de la personne, dans ce cadre, c'est vouloir percer ce qu'il y a encore d'inexploré en celle-ci. C'est étudier l'homme, tout l'homme, sinon l'homme à trois cent soixante degrés (360°). C'est encore décortiquer tous les aspects qui régissent la personne, aspects naturellement observables et descriptibles.

Chapitre I

DE LA REALITE DU CORPS A L'AFFRONTEMENT

La modernité nous le savons, scinde en deux parties l'homme et le monde, selon le spirituel et le matériel. Le monde grec aurait parlé du sensible et de l'intelligible par la bouche de Platon, ou encore de matière et de forme par Aristote, en référence à cette division.

Cette théorie séparatiste ne trouve toujours pas de conception unanime et arrêtée entre ceux qui la prônent.

Pour certains, il y a lieu d'observer une indépendance entre matière et esprit. Pour d'autres par contre, le monde de la matière n'a aucune réalité sinon une apparence de l'esprit. C'est à cette discussion rationnelle que se sont livrées les deux écoles qui jusqu'à nos jours ont marqué le monde de la philosophie : platoniciens et aristotéliciens. Les uns s'inscrivent dans cette pensée qui admet la séparation du matériel d'avec le spirituel, les autres par contre sont de ceux qui conçoivent l'homme comme conciliation matière – esprit.

Le personnalisme vient donc proposer sa vision qui se veut réaliste. Et selon Mounier : « La personne immerge de la nature »[10]. Cette affirmation s'inscrit dans la perspective matérialiste, celle-là même qui conçoit l'homme comme la somme additionnelle du corps et de l'esprit, chacune des deux prises à part entière. Puisque la personne pensée par Mounier est une des données de la nature, il est donc à noter que, le mode de penser, d'agir et de sentir de celle-ci ne subira que l'influence de son espace géographique, de sa situation climatique, des caractères héréditaires, de l'entourage social et de l'état psychologique.

L'interdépendance de l'âme et du corps est un fruit de la pensée chrétienne. Celle-ci n'admet pas de séparation entre l'esprit et la matière (corps).

---

[10] E. Mounier, *Le personnalisme*, P.U.F., Paris, 1985, 14e édition, p. 15.

Saint Thomas par exemple voit en la personne tout ce qu'il y a de si parfait. Boèce quant à lui, considère la personne comme sujet individuellement substantiel de nature rationnelle. L'idée de substance ici indique quelque chose de relationnel qui vise l'unité. Saint Thomas dans sa *Somme Théologique*, définit l'homme comme « composé d'une substance à la fois spirituelle et corporelle »[11].

Pour la pensée chrétienne, l'esprit fait référence à la pensée. L'âme est le souffle de vie, et cet esprit est en étroite collaboration avec le corps. Ainsi dira Mounier : « le chrétien qui parle avec mépris du corps et de la matière, il le fait donc contre sa plus centrale tradition »[12].

L'homme, par son corps, est partie tout entière de la nature. Il est « un être naturel ; par son corps, il fait partie de la nature (…) »[13].

Partout où il se trouve, il est avec son corps. Et le corps devient pour ainsi dire sa condition d'existence. Et selon le sociologue Sabino Aquaviva, on peut alors dire qu' « au commencement était le corps »[14].

L'Abbé Léon Coly affirmera pour sa part que « le corps permet à l'homme de posséder l'existence»[15]. C'est avec le mystère de l'Incarnation que le corps acquiert une grande importance dans l'univers chrétien. Mounier ne manque pas de souligner que « l'incarnation n'est pas la chute »[16].

L'homme est corps et aussi esprit. Le corps renferme une double apparence : objective (dans la mesure où il est perçu comme objet de science) et subjective (ici on parle du corps comme il est senti). C'est par la somatisation que s'établit la relation entre l'homme et le monde. Gabriel Marcel le dit si bien lorsqu'il pense que : « l'homme et le monde sont des êtres relatifs et le principe de leur être est la relation. »[17]

[11] Saint Thomas d'Aquin, *Somme Théologique*, I, 75, 1.
[12] E. Mounier, op. cit., p. 17.
[13] E. Mounier, Idem.
[14] A ne pas confondre avec l'affirmation de Martin Buber ; « Au commencement est la relation » dans *Je et Tu*.
[15] Léon Abbé Coly, *Vérité de l'histoire et destin de la personne humaine*, l'Harmattan, 2004, p. 204.
[16] E. Mounier, *Le Personnalisme*, p. 17.
[17] Gabriel Marcel, *Etre et avoir*, Aubier, Paris, 1935, p. 122.

L'Abbé Coly dira encore que « le corps est l'expression de l'unité de l'existence. Cette unité de l'existence de l'homme se manifeste d'une manière corporelle parce que mon existence de sujet est incarnée»[18].

Mais aussi, Mounier pense que même si la personne est tenue par les liens de la nature, elle parvient tout de même à s'élever au dessus de cette nature. La personne transcende la nature. Mais il est bon à savoir que toute vie personnelle n'est en action que dans un monde à plans variés : cosmique, charnel, social… de là, vient sa grande dépendance.

S'étant rendu compte de la puissance que lui procure sa connaissance rationnelle, malgré tout cet ensemble complexe de déterminations auxquelles il fait face, l'homme affirme sa particularité en se détachant de la nature, particularité qui le distingue des autres êtres. C'est en utilisant sa raison que celui-ci parvient à réaliser cette montée. Les stoïciens, parlant du logos, voyaient déjà en l'homme cette puissance rationnelle encore appelée *logikê dunamis*, de là on est arrivé à cette pensée d'Aristote qui veut que l'homme soit défini comme « animal raisonnable », ou encore pour parler comme les Grecs *« zoon logikon »*. L'homme a une humanité naturelle en lui. Il a également une connaissance de la nature dans laquelle il est, et hors de laquelle il n'a pas d'existence. Conscient de ce fait, il ne manquera pas d'agir sur celle-ci en vue de la transformer, lui, la plus fragile des créatures. Contrairement aux autres créatures, l'homme est seul « capable d'amour, ce qui est infiniment plus encore »[19]. La pensée médiévale vient donner à l'homme une forte considération de sa dignité, en le définissant comme *adjutor Dei*, c'est-à-dire coopérateur de Dieu. L'homme est ainsi appelé à participer, par sa raison, à l'œuvre de la Création, car comme le disent les Ecritures saintes, l'homme est la seule créature faite « à l'image et à la ressemblance de Dieu »[20]. Nous pouvons de cette pensée déduire que : si l'homme est et possède en lui une partie de Dieu, et si Dieu est Amour

---

[18] Léon Abbé Coly, *Idem.*
[19] E. Mounier, op. cit., p. 19.
[20] *Gn 1,26, in Bible de Jérusalem.*

comme nous l'enseigne la foi chrétienne, alors, l'homme est une créature capable d'amour. Il ne faut cependant pas oublier qu'il a des limites.

Penser que l'homme serait enfermé dans les déterminismes est pure fausseté. Il ne faudrait pas se servir de la fatalité de la nature pour refuser à l'homme des possibilités.

La personne créatrice émerge dans l'histoire du monde. Et cela apparait sous forme d'affrontement entre deux tendances opposées : la première est un continuel sentiment de non personnalisation, qui s'en prend à la vie en la réduisant en automatismes. La seconde et dernière tendance est un « mouvement de personnalisation »[21] qui n'a de début qu'avec l'homme, et l'évolution de l'univers dans tout son déroulement annonçait déjà sa mise en place.

Avec les faits visibles de radioactivité, on assiste à une séparation première dans la conception fataliste de la matière. La vie se conçoit ensuite comme étant un emmagasinement de force, de puissance, toujours plus structurée sur un ensemble lié d'indéterminations toujours aussi compliquées. Elles mènent à la préparation des centres personnels. La différence la plus visible entre la personne et l'animal est que, l'animal, selon Mounier « ignore la conscience réfléchie et la réciprocité des consciences »[22].

Lorsqu'il y a lutte, le destin de l'individu est soumis à celui de l'espèce. Autrement dit il est plus important en cas de conflit de protéger l'espèce au détriment de l'individu, et l'avènement de la personne humaine, vient en plus d'expliquer ce mouvement, lui donner sa pleine signification.

L'avènement de la personne n'est pas synonyme de la fin de la nature. Cette nature tout au long de son histoire, a fait participer l'homme, sans toutefois le soumettre entièrement. La vision matérialiste, pour bon nombre, stipule que notre position biologique et économique influence fortement notre agir. Et depuis l'évolution de l'homme, cette pensée de dépendance a été

[21] E. Mounier, op. cit., p. 20.
[22] Ibidem, p. 21.

dissoute. Qu'il soit pris singulièrement ou en groupe, l'homme est placé en haut, comme acteur de l'humanité. Croire que cet univers personnel est déjà un acquis ne serait que pure erreur de notre part. Sa possession évolutive forme tout l'humain.

Mais il est à noter que cette vision personnaliste que nous soutenons ne saurait être réduite au rang du spiritualisme. Au contraire, elle prend en compte les problèmes auxquels est confronté l'homme dans toutes ses dimensions. Autrement dit, le personnalisme prend en compte aussi bien la dimension matérielle que spirituelle. Le monde tel que nous le montre la science ne peut se séparer de l'homme, et l'homme lui-même ne peut se séparer du monde.

Notre pensée se pose contre l'idéalisme. En effet, les idéalistes pensent que c'est l'esprit qui crée la matière et que celle-ci n'a d'existence que dans notre pensée. Autrement dit, elle n'est qu'illusion. Ils affirment également que ce sont nos idées qui créent les choses. Pour la conception personnaliste par contre, la matière est ce dans quoi l'individu se dissout. Elle peut être réduite à une production propre de notre existence.

A partir du moment où nous faisons l'expérience de notre être au monde, à partir de l'instant où je commence à exister, je suis personne pense Mounier. « Je suis personne dès mon existence la plus élémentaire, et loin de me dépersonnaliser, mon existence incarnée est un facteur essentiel de mon assiette personnelle. »[23]

Notre être contenu dans un corps est le point fondamental de notre dimension de personne. La subjectivité et l'objectivité sont là, deux pôles qui régissent notre expérience existentielle, mais ne font en réalité qu'une seule entité.

Pour qu'il nous soit possible de penser, réfléchir, raisonner, il nous faut exister. Et pour exister nous avons besoin de notre corps. Par lui, il nous est possible d'expérimenter le monde, autrui ainsi que nous-mêmes.

[23] E. Mounier, *Le Personnalisme*, p. 24.

Notre corps nous fait sortir de nous pour que nous soyons confrontés au monde et que nous fassions face aux réalités humaines.

La vision personnaliste considère alors le corps comme condition d'accès à la vie spirituelle. En d'autres termes, sans le corps on ne peut parler de vie spirituelle.

Cependant, la personne ne se limite pas qu'à recevoir le poids de la nature où elle est incarnée, ou encore d'aller à son contre sens. Elle agit sur celle-ci en vue de la modifier, la transformer, lui imprimer ses marques personnelles.

La condition première de toute conscience personnelle est la prise en charge du milieu naturel, non pas comme un fait allant de soi, mais comme production personnelle et base de toute personnalisation. On peut donc dire que : « Le rapport de la personne à la nature n'est donc pas un rapport de pure extériorité, mais un rapport dialectique d'échange et d'ascension »[24].

L'homme, par son travail sur la nature tend à l'humaniser, et ce depuis sa venue sur terre. Et empruntant un passage à la Bible, Mounier parlera de « mettre en œuvre la terre »[25].

La production est une activité primordiale de la personne. Et Feuerbach peut nous l'affirmer, lorsqu'il invite les philosophes à une transformation du monde et non plus à une interprétation[26]. La production ne prend alors toute sa signification que lorsqu'elle vise la mise en place d'un « monde de personnes »[27].

L'homme est le seul acteur des inventions qui tendent à personnaliser la nature. Et dans cette perspective de personnalisation de la nature, il est confronté aux échecs que génère son optimisme. Face à la nature, il ne se comporte pas comme si tout allait de soi. Ce qui pousse Maurice Nédoncelle à ne pas

[24] *Ibidem*, p. 26.
[25] *Idem.*
[26] Karl Marx, « Thèses sur Feuerbach », in *Etudes philosophiques*, P.U.F., Paris, 1926, p. 51.
[27] E. Mounier, op. cit., p. 27.

considérer le personnalisme comme étant « une philosophie de dimanche après-midi »[28].

La personne, bien qu'elle soit dans la nature, coopère avec elle pour arriver à la dompter, et la nature à son tour se livre au même jeu. De cette confrontation, nous pensons qu'il n'y a pas l'ombre d'une parfaite collaboration comme l'avait pensé Leibniz.

Bien qu'insérée dans un univers, la personne se situe aussi dans une autre sphère que celle de la nature : la sphère dans laquelle elle fait l'expérience fondamentale de son existence : la sphère communicationnelle.

De son origine latine *communicare*[29], qui signifie rendre commun, la communication implique un rapport à l'autre, la transmission de quelque chose, la communion avec autrui.

L'expérience de la communication situe déjà la personne, non comme singularité mise à part, mais comme être en relation avec autrui. Il est vrai que chaque personne conserve son unité, mais elle n'a de sens qu'avec les autres et dans les autres. Ainsi, le personnalisme s'oppose à l'individualisme. La communication est même le moteur de toute transformation positive (mais aussi négative).

Grâce à elle, tout s'éclaircit pour l'homme. Elle est la clé de la vie de la personne. La communication est un partage, une rencontre de deux points de vue qui sont soit divergents, soit convergents. La communication est donc une rue à double sens.

Nous avons dit ci-dessus qu'elle est un partage de deux points de vue soit en phase, soit en conflit. C'est pourquoi Mounier, faisant part de son constat dira que : « Depuis le début de l'histoire, les jours consacrés à la guerre sont plus nombreux que les jours consacrés à la paix »[30]. Comme pour dire qu'il y a là très souvent échec, blocage causé par des hommes eux-mêmes à la communication.

---

[28] *Ibidem*, p. 29.
[29] Madeleine Grawitz, *Lexique des sciences sociales*, Dalloz, Paris, 2004, 8é édition, p. 73.
[30] E. Mounier, op. cit., p. 30.

Et Mounier de nous rappeler que Heidegger et Sartre l'ont si bien inscrit dans cette discipline qu'est la philosophie. Cela est dû à sa nature possessive et dominatrice, si l'individu est un blocage à la communication avec autrui. La présence de l'autre nous plonge dans une attitude de lutte, ou d'adaptation, ou encore de dépassement.

Pour Mounier, l'individu assombrit la communication par le simple fait de sa présence. Ce qui nous fait penser à cette conception de Thomas Hobbes qui voit en l'homme un loup pour son semblable.

La communion avec autrui, son regard, sont occasion de vérité pour l'individu. Voulant donc échapper à cette vérité, il se transforme en obstacle lui-même.

Mounier présente l'individualisme comme « un système de mœurs, de sentiments, d'idées et d'institutions qui organise l'individu sur ces attitudes d'isolement et de défense »[31]. Et ce système fut l'apanage de la classe occidentale la plus élevée dans l'histoire moderne. Ce système qui organise l'individu et que prône Emile Durkheim, n'est rien d'autre que l'antipode du personnalisme, son farouche opposant. D'où la distinction personne – individu. Mais il est à savoir que c'est de l'individu rendu pur que sort la personne. La personne est donc contenu dans l'individu, et ce n'est qu'en se mettant à la disposition de l'autre et en étant plus transparente à elle-même qu'elle parvient à émerger.

Pendant que l'individualisme ramène tout à l'individu et renferme l'individu sur lui-même, le personnalisme quant à lui sort de cette optique et ouvre ainsi l'accès à la personne. Lorsque nous venons au monde, nous faisons l'expérience d'autrui, nous nous découvrons en autrui. Plus tard nous nous inscrivons dans le sillage individualiste.

La personne rejoint le projet d'universalité, en ceci qu'elle est ouverte au monde et aux autres personnes. L'existence d'autrui, contrairement à ce que

[31] *Ibidem*, p. 32.

nous pensions avec Hobbes, devient pour nous la condition *sine qua non* de notre élévation, de la connaissance de la personne par la personne.

Le monde de la matière nous est étalé comme étant siège des divisions. Mais ce qui fait la spécificité de la personne, c'est sa capacité à entrer en communion avec un Tu. Et l'égarement de soi naitra donc de l'altération de ce rapport : l'autre ne sera plus un *alter*, et le *Je* vient à ne plus se connaitre. Et Mounier de penser que c'est le souci que Je a pour Tu qui motive l'existence : « Je n'existe que dans la mesure où j'existe pour autrui, et, à la limite : être c'est aimer »[32].

La personne a pour vocation de composer avec ses semblables dans le but de mettre sur pied une société de personnes. C'est dans l'univers que la personne se conçoit ; capable de s'anéantir au profit d'autrui. Le chrétien pour sa part trouvera cet anéantissement dans l'ascèse. Elle (la personne), est aussi cette réalité capable de comprendre. Il ne faut pas ramener l'autre à nos aspirations ou à la généralité. Mais tenir en compte la singularité de tout un chacun. La personne est don de soi aux autres. Et paraphrasant Socrate dans sa célèbre formule du « Connais-toi toi-même », mais avec Jésus, on peut dire que la personne est un « donne-toi toi-même », car c'est en se donnant à autrui que notre existence s'affirme. Et pour parler comme Descartes : « Cogito ergo sum », on dira que : *Je me donne donc je suis personne* (G. Cicchese).

La personne se conçoit dans le dualisme objet – sujet. Penser l'autre comme objet, revient à le réduire à un instrument dont on se sert pour parvenir à une fin. Le penser comme sujet, c'est admettre son immensité, sa présence réelle et effective. La communication rend libre la personne humaine, mais cependant elle fait face à de nombreuses barrières telles les malentendus, la réticence vis-à-vis d'autrui. A cette caractéristique fondamentale de la personne qu'est la communication, il est important de souligner la force vive qui l'anime.

---

[32] *Ibidem*, p. 34.

La « chose », est inerte, et l'on peut en faire ce qu'on veut. Elle subit passivement les aléas extérieurs, puisque n'ayant pas de vie intérieure. L'animal apparait pour sa part comme la transition nécessaire pour arriver à l'homme. L'homme qui est considéré par Jean Scot comme : « créé pour être le moyen terme et la réunion de toutes les créatures. Car il n'est aucune créature qui ne puisse être considérée dans l'homme»[33].

C'est comme pour dire que vivre à l'exemple d'une chose ne serait pas chose impossible à l'homme, puisqu'en lui sont renfermées toutes les dimensions de vie (animale biologique, végétale, humaine). Mais si l'homme vient à se confondre à la chose par sa vie, il s'inscrit dans la dynamique d'objet irréfléchi que l'on peut manipuler à sa guise. Il se perd dans ses passions et se trouve désuni avec lui-même. Ce n'est qu'à partir du moment où l'homme devient capable de faire face à son entourage, de se situer au-delà de ses passions, de se libérer des chaines du monde, de réaliser son « ascension dialectique », qu'il pourra évoquer l'idée d'une vie personnelle, d'unité avec lui-même.

Nous avons vite fait de confondre ce mouvement avec un repliement sur soi. Tel n'est pourtant pas le cas. Il s'agit ici d'une transformation des énergies. Et Mounier de dire : « La personne ne recule que pour mieux sauter »[34].

Il est exprimé ici la nécessité pour la personne de revenir à elle-même, de se recueillir afin d'arriver à se connaitre. Et Socrate depuis l'Antiquité en a été le précurseur avec sa célèbre citation du « Connais-toi toi-même», qu'il a emprunté à l'entrée du temple de Delphes et qu'il a fait sienne. Cette invitation qu'il faisait aux hommes de rentrer en eux pour atteindre la vérité qui s'y cache, nous la retrouverons à l'époque médiévale avec l'Evêque d'Hippone qui parle de l'intériorité.

[33] Jean Scot, *De Divisione Naturae*, II., 536 B.
[34] E. Mounier, op. cit., p. 46.

Mais il est à noter qu'en aucun cas, la personne ne pourrait être pensée comme une chose. Il nous est impossible de définir la personne, car celle-ci est déterminée par une inaccessible connaissance d'elle-même.

La personne est une réalité multidimensionnelle unie. Parler de personne au sens de Mounier, c'est parler surtout de ses deux dimensions indissociables que sont l'intériorité et l'extériorité, ou encore l'esprit et la matière. Dans son rapport avec le monde, la personne rencontre autrui qui est différent, et elle fait ainsi l'expérience de l'altérité. Et de cette expérience naitra un conflit face auquel la personne adoptera une attitude de défense de soi. La tendance est très souvent à confondre la notion de personne, en la réduisant à l'unique, au seul, tant il est vrai que lorsque l'on cherche à la définir, on se rend à l'évidence que la personne, comme le dit Mounier : « est ce qui ne se répète pas, quand bien même les visages et les gestes des hommes, retombant sans cesse dans le général, se recopient désespérément en surface »[35].

La personne cependant garde quelque chose en elle de particulier qui la distingue des autres sans pourtant l'en séparer. Son être au monde est complexe, fait de choix très souvent difficiles : la personne est confrontée ainsi à la situation du oui ou du non. C'est donc dans la lutte des consciences que la personne se saisit, mais seul l'amour traduit son existence. Par l'affirmation de soi dans la liberté, l'existence trouve un sens. Et par existence, il ne faut pas entendre le fait de vivre seulement pour soi, c'est-à-dire vivre sa vie, en se laissant trainer par les pulsions mauvaises. Mounier établit une distinction assez limpide là : « Il y a une chose qui s'appelle vivre, et il y a une chose qui s'appelle exister : j'ai choisi d'exister. »[36]

---

[35] E. Mounier, op. cit., p. 58.

[36] E. Mounier, *Introduction aux existentialismes*, éditions DENOËL, Paris, 1947, p. 69.

Chapitre II

DE LA LIBERTE A L'ENGAGEMENT

L'une des notions qui bat son plein dans les consciences est bien entendu celle de la liberté, qui conduit à une prise de position, à une action, un engagement. Mais il est à noter qu'elle n'est pas perçue par tous de la même façon. C'est alors que, dans la Grèce Antique, cette notion faisait référence à la gouvernance du peuple par lui-même : la Démocratie. Et Aristote dira que : « le fondement du régime démocratique c'est la liberté »[37]. Platon, bien avant lui, l'avait pensé.

Au Moyen Age, avec l'Evêque d'Hippone, on conçoit la liberté comme rapport de participation et d'échange entre ce que l'homme veut, et ce que Dieu veut. Mais au fond, Augustin pense la liberté comme nécessité de se conformer à l'ordre divin. Cette conception augustinienne de la liberté sera renversée à la période Moderne par Descartes qui la pense comme connaissance sans preuve aucune, ne se fiant qu'à la seule expérience que nous en avons. Avec Kant, la liberté est perçue comme *ratio essendi*, raison d'être de la morale. C'est l'autonomie du sujet rationnel.

Mounier par contre va l'aborder dans la perspective personnaliste où il situe sa définition même. Il ne l'entrevoit pas comme objet. Sans elle, nous ne sommes pas. Chacun de nous désire toucher la liberté comme on toucherait une voiture, une table, la posséder, la théoriser, tout ceci pour n'arriver nulle part, car pense t-il : « la liberté est une affirmation de la personne, qui se vit, ne se voit pas »[38].

---

[37] Aristote, *Politique*, Z.2., 1317 a20.
[38] E. Mounier, Op. cit., p. 66.

C'est la personne qui se fait libre. Le monde est le théâtre des affrontements au sujet de la liberté, dont rien n'en est le gage. N'étant pas une chose, la liberté ne serait pas non plus sortie *ex nihilo*. Ce qu'il faudrait retenir, c'est qu'elle ne connait pas de limites. Penser une absolue liberté ne serait alors que pure produit d'une illusion, et Mounier la voit comme étant fruit de l'imaginaire humain. La liberté de la personne se trouve entravée par celle-ci. Et dans la vision personnaliste, l'homme est seul commanditaire de sa liberté : il l'accepte ou la nie. Cependant, poser la personne comme être de liberté, c'est entrevoir aussi celle de son entourage, et avec le personnalisme, la liberté devient condition *sine qua non* de l'existence humaine, et ici, la personne est donc prise comme valeur et non comme sujet de loi, comme objet. Mounier de rappeler que les différentes libertés se renferment dans « la » liberté. L'homme est un être naturellement assoiffé d'indépendance. Ne pouvant la saisir tout d'un coup, comme l'on saisirait un stylo à bille (par exemple), il est sans cesse à sa poursuite. Cela nous fait comprendre que la liberté n'est pas, toute faite, toute donnée, mais cependant, elle est rattachée à la capacité qu'a l'homme de choisir ceci ou cela. Et selon Mounier, « l'homme libre est un homme que le monde interroge, et qui répond : c'est l'homme responsable »[39].

Mounier laisse transparaitre ici la volonté manifeste de rapprocher la notion de liberté à celle de responsabilité. On peut alors dire qu'est libre celui qui assume ses choix et ses actes. C'est donc dans l'unité qu'il faut penser la liberté, et non pas la dispersion, la division. Ce n'est pas dans la personne qu'elle doit se confondre, mais plutôt la désigner à travers son comportement.

Puisque la personne n'est pas assimilable à un objet, on lui doit un maximum de dignité. C'est ce qui pousse Karl Jaspers à voir la personne comme l'affirmation d'une transcendance que l'on ne saurait nommer. Parler de transcendance ici, c'est parler de rapport dialectique dans l'unité. Ainsi, le travail devient donc pour la personne, le moyen de réaliser cette transcendance.

[39] Ibidem., p. 76.

Et Hume pensera que c'est le travail qui nous distingue des animaux. Et cette réflexion marquera Jean De La Croix qui dira que : « Le travail est ce qui distingue aux yeux de l'économie, l'homme des animaux. Apprendre à travailler telle est notre fin sur la terre »[40].

Pour l'Abbé Léon Coly, c'est plutôt dans la notion de travail que jaillit celle de la liberté. Ce qui le pousse à dire que : « L'homme se libère en transformant le monde ; une idée de la liberté se dégage : La liberté selon Marx naît de la maitrise des conditionnements de lutte contre les aliénations ; travailler c'est se faire libre »[41]. Et de Marx l'on pourra retenir cette célèbre formule qui parle de *faire et en faisant se faire*.

Ainsi donc, parler de transcendance chez la personne, ce n'est point faire appel à un conflit, à une perturbation. C'est au contraire, se refuser à toute suffisance, c'est pouvoir se faire accessible à l'autre. Et Mounier d'affirmer que « la personne n'est pas l'être, elle est mouvement d'être vers l'être, et elle n'est consistante qu'en l'être qu'elle vise »[42].

Le but de la transcendance est donc d'aboutir aux valeurs. Et dans la vision chrétienne, la pensée personnaliste associera ces valeurs à une « Personne » au-delà de toutes choses : Dieu. La pensée grecque avec Aristote avait nommé cette « Personne » au-delà de toutes choses « Premier Moteur », par qui tout ce qui existe est. Celui qui met en mouvement toute chose sans être mu par quelque chose.

Les valeurs sont ce sans quoi les personnes n'existent pas. Et la valeur est cette force qui galvanise et mène à l'accomplissement de bonnes actions. Les personnes n'existant que par rapport aux valeurs, c'est par ces dernières que les valeurs trouvent aussi leur existence. On peut déduire alors que la personne n'est pas une réalité à ramener au particulier, elle est ouverture à l'universel.

---

[40] Jean De La Croix, in AA.VV., *Travail et condition humaine*, Fayard, Paris, 1963, p. 17.
[41] Abbé Léon Coly, Op.Cit, p. 317.
[42] E. Mounier, op.cit., p. 79.

Mounier pense ainsi la personne comme « mouvement vers un transpersonnel qu'annoncent à la fois l'expérience de la communion et celle de la valorisation »[43].

La valeur telle que pensée par Mounier ne connait pas d'agitation et n'en est pas à l'origine non plus. Et l'une des valeurs essentielles est celle de la vie : respecter l'homme c'est respecter la vie. En dehors de la vie, nous pouvons aussi évoquer la vérité comme étant une valeur, et laquelle valeur passe par le chemin de la connaissance. A ceci, s'ajoutent les valeurs morales, lesquelles sont régies par l'univers de la personne[44].

La vérité de la personne est aussi envisageable du point de vue esthétique, dans la vie poétique. Cet aspect exprime la sensible gratuité intime de l'existence. L'art dévoile la vérité des expériences tirées de la réalité. Il est douteux de penser que l'histoire fasse partie des valeurs, pourtant là où il y a des hommes, là aussi, il y a une histoire.

Mounier ira jusqu'à ranger la religion au rang des valeurs. Il n'y a de son point de vue aucune différence entre un personnalisme chrétien et un simple chrétien à propos de la religion chrétienne qu'il situe comme religion de transcendance qui s'implante et étend ses racines à l'intérieur d'un monde de personnes soudé et ayant une histoire.

Le personnalisme au sens chrétien met l'accent sur l'aspect communautaire de la foi et de la vie chrétienne. Mais la valeur qui façonne l'homme et ses aspirations doit également faire face aux oppositions, aux tensions. Et partout où il y a l'œuvre humaine, l'échec est là qui guette. Cela est dû au mal, à la souffrance. Il est à noter que le mal tire son origine de la personne elle-même, et cette situation est source de dissociation de l'univers personnel[45].

[43] *Ibidem.*, p. 83.
[44] Ici, on pense la personne comme sujet libre, capable de réaliser ses choix et de les assumer.
[45] Il faut noter que la valeur morale perd son importance avec la présence du mal qui divise la personne. Du mal, nait donc le malaise moral.

Le personnalisme assigne une place importante à la théorie de l'action : l'engagement. En effet, qui dit action, dit liberté. Il n'y a d'action que lorsque la personne parvient à s'assumer totalement comme réalité historique et sujet conscient.

L'action liée à l'engagement dans la liberté vise à atteindre certaines valeurs telles la vérité. Et à cet effet, Albert Camus[46] a su que le point de vue sur la vérité ne serait pas toujours perçu de façon confortable. Avec le cardinal Ratzinger, l'engagement prend la forme d'un témoignage sur ces propos : « Vérité et témoignage, témoignage et martyre sont en ce monde étroitement liés. (...) C'est dans la mesure où l'homme s'engage dans la passion de la Vérité qu'il devient un homme. Et dans la mesure où il tient à lui-même, où il se retire dans la sécurité du mensonge, il se perd »[47]. Il y a là une importance révélée de l'engagement, du témoignage, mais avant tout une fidélité à la vérité.

Avec Mounier, n'est homme que celui qui prend des engagements. Agir par des paroles, là n'est pas l'essentiel : il faut que cela s'arrime à l'acte et l'acte à la parole. Et Thierry Min d'affirmer : « Nous ne devons pas nous engager par des paroles et des discours, mais par des actes et en Vérité »[48]. C'est là la plaque tournante de l'action. Et Mounier table sur quatre points l'action :

- *Le faire* : ici, l'action se veut dominatrice et organisatrice de la matière. L'homme agit sur les choses, mais aussi sur l'homme, du point de vue de la production. La finalité du faire est d'aboutir à l'efficacité.
- *L'agir* : l'action a pour objectif de façonner pleinement l'acteur. Nous sommes en plein dans le domaine de l'éthique qui met sa finalité dans la vérité, l'authenticité, la conformité avec lui-même et son entourage.

---

[46] Albert Camus se rapproche de Mounier, sans toutefois se confondre à lui. Il sont tous deux originaires d'un même milieu modeste, se sont engagés dans la Résistance et se confrontés aux mêmes évènements du monde à travers leurs œuvres et leurs actions.

[47] *« Ratzinger, baptisés dans la foi »*, Cité par Thierry Min, « l'Engagement, une valeur emblématique chez Camus et Mounier », *in Le portique*, Cahier 1, 2003, p. 4.

[48] Thierry Min, *ibidem*, p. 5.

- *La théorétique ou action contemplative* : l'objectif ici est d'atteindre la perfection et toucher l'universalité. Dans ce contexte, on ne saurait faire allusion à l'intérêt car, cette action ne porte pas de façon directe au rapport choses/hommes. Et seule l'action prophétique sert de trait d'union entre le contemplatif et la pratique.
- *Le communautaire* : l'action a une dimension communautaire. Il est important pour la personne de travailler au sein d'une communauté, de partager la foi avec les autres.

Le constat que l'on peut faire ici est celui selon lequel Mounier assigne à une action sincère un caractère dialectique, et l'éducation faite de nos jours devrait être une propédeutique à l'action. Selon lui, pour mettre un terme à ce qu'il appelle « l'aveuglement », il faut en finir avec le formalisme intellectuel, et intégrer la culture de la décision.

PARTIE II

LE PERSONNALISME A L'ERE DU QUATRIEME HOMME

L'histoire de la philosophie a été marquée par une constante évolution dans le temps et dans l'espace. De l'Antiquité à la période moderne, en passant par l'ère médiévale, jusqu'à nos jours, on a pu scinder cette histoire qui s'étale sur plus de trois mille ans, en parlant du premier, du deuxième, du troisième et du quatrième homme. Il est important d'y revenir surtout en ce qui concerne l'évolution de l'homme dans l'histoire. Et c'est l'occasion de penser comme W. Von Goethe que « celui qui n'est pas en mesure de se rendre compte de trois mille ans passés demeure dans l'obscurité et vit au jour le jour »[49]. Quelles particularités entretiennent chacune de ces divisions de l'histoire ?

En effet, dans la Grèce Antique, c'est la raison qui distinguait les hommes entre eux : les hommes libres, contrairement aux esclaves, étaient ceux-là qui s'adonnaient tranquillement à la philosophie. Ils étaient *homo sapiens*, et *homo politicus* parce que leur philosophie était basée sur la connaissance et leur vie dans les cités (*polis*). On est autour de 600 av. J.C. c'est là ce que l'on a appelé premier homme.

Quant au deuxième homme, celui de l'ère chrétienne, ce n'est pas tant la raison qui dominera, mais la foi. Il est *homo religious*, parce qu'il vit de ce principe : « être dans le monde sans être du monde ». Par sa vie il aspire à la sainteté. C'est plus un théologien qu'un pur philosophe. En effet, l'*homo religious* du XIIIème siècle après Jésus-Christ trouve son origine en l'an zéro[50].

[49] Von Goethe, cité par G. Cicchese, *Du « premier » au « quatrième homme »*, Philosophie de l'Homme, Inédit.
[50] Cette date marque pour la naissance du Christ pour les chrétiens. Et c'est bien à partir de là qu'on commence à compter, spécifier et dater les évènements.

Nous voici chez l'homme producteur, l'homme de la Modernité, *l'homo faber*, qui vit dans la bourgeoisie et révolutionne l'histoire[51]. Son esprit est totalement scientifique : celui-ci c'est le troisième homme.

Enfin, nous arrivons à celui qui nous caractérise, l'homme d'aujourd'hui, l'homme actuel, l'homme des technologies, qui accorde assez de crédits à l'expérience et à l'expression. C'est un homme esthète qui a le goût de l'art, des mass média et surtout de la technologie. C'est avec lui que commence l'intelligence artificielle (1956). « Le quatrième homme est l'homme dans l'ère de la technologie et de la sécularisation envahissante, de la complémentarité planétaire et de la jouissance esthétisante »[52] pense G. Morra. Celui-ci est la totalisation de toute l'histoire de l'humanité. Mounier va donc penser la personne à ce stade sous des aspects qui ne lui sont pas étrangers.

[51] Pensons aux inventions notamment l'imprimerie de Gutenberg, à la Révolution Française de 1789, à la révolution industrielle.

[52] G. Morra, *Postmodernité ou crise de la modernité ?,* Rome, 1996, pp. 105-106, in *Du « premier » au « quatrième homme »*, Gennaro Cicchese, Philosophie de l'Homme, inédit.

Chapitre I

LA SPHERE ECONOMIQUE, SOCIALE ET POLITIQUE DE LA PERSONNE

La personne est un être de besoins. Et pour les satisfaire, elle crée la valeur économique, par son travail transformateur de l'environnement. Et le marxisme ira jusqu'à faire de cette valeur la plus importante des valeurs. Mounier constate que les comportements des hommes, ainsi que leur manière de penser sont le fruit de leur condition économique. L'histoire de l'humanité a toujours été marquée par un véritable désordre économique, et du point de vue de Mounier, il faut s'en débarrasser de nos jours.

Puisque par la démocratie l'homme acquiert une dimension de subjectivité, avec l'économie, celui-ci est assimilé à un objet : l'objet économique. Et face au pouvoir de l'argent[53] les habitudes de l'homme prennent un coup : il va se créer des divisions sociales, ce que Marx a appelé prolétariat et bourgeoisie. L'homme en devient même esclave. A l'ère du quatrième homme, le besoin de revisiter la dimension économique de la personne se fait ressentir.

En effet, il faut redonner à l'économie toute sa valeur. C'est elle qui construit la personne dans le sens où, c'est par son travail que la personne vient à produire l'économie, et ainsi, subvient à ses besoins, des plus élémentaires aux plus complexes. La question économique reste liée à deux grands problèmes : celui de l'organisation et celui de l'humain, qui, ne semblent pourtant pas avoir de lien commun.

[53] E. Mounier, *Esprit* , Octobre 1993 : *L'Argent, misère du pauvre, misère du riche.*

Mounier va jusqu'à rappeler que le grand défi de notre siècle sera de passer à côté de l'impératif technocrate qui relaye l'homme au second plan en matière d'organisation. Plusieurs écoles vont naitre qui voient et pensent l'économie selon leur appréhension de la personne humaine. Certains vont jusqu'à penser que les rapports économiques sont basés sur une pluralité de rapports interpersonnels.

Quelle est la transition envisageable, pour passer de cette situation chaotique à l'ordre nouveau de demain ? Voici la question que Mounier pose et à laquelle il tentera de trouver réponse. Il parvient à cette affirmation : « Le passage du capitalisme à l'échelle mondiale, son unification possible dans un impérialisme puissant rendent peu probables une évolution sans résistances et sans crises »[54].

Aujourd'hui, face aux nombreuses crises qui traversent notre monde, il est grand temps à la lumière de Mounier de revisiter cet aspect économique de la vie de la personne humaine. En effet, la vie économique de l'homme n'est pas restée sans dynamique avec l'évolution du monde. C'est bien par son travail que l'homme parvient à ses fins. Mais le fait le plus remarquable est celui selon lequel le travail ne semble plus être fait pour l'homme, mais c'est désormais l'homme qui est esclave du travail et de ses fruits (le capital généré). Ce dernier vient parfois à s'oublier comme réalité au dessus des réalités vivantes (et aussi non vivantes) de la terre. Il se laisse ainsi moudre dans ce moulin qui le détruit progressivement.

A force de valoriser l'aspect économique, *l'homo oeconomicus* semble avoir oublié sa propre identité, qui il est, en fait, pour ainsi se transformer en *homo « egonomicus »*[55]. Notre siècle a fait de l'homme ou disons plutôt que l'homme s'est fait à notre siècle ce prisonnier du travail et de la production économique. Et c'est ce qui justifie l'appel lancé par l'Eglise pour rappeler à ce

[54] E. Mounier, *Le Personnalisme,* p. 115.

[55] On passe de l'homme économique ouvert à l'homme économique replier sur lui-même. Pour le personnalisme, il faut absolument combattre cette dimension que l'on appellerait *egonomica.*

pauvre mortel que : « L'homme, la personne, dans son intégrité, est le premier capital à sauvegarder et à valoriser. En effet, c'est l'homme qui est l'auteur, le centre et la fin de toute la vie économico-sociale ».[56]

Le constat le plus désolant de nos jours, et source de nombreux maux sociaux, est la déshumanisation du travail : les machines ont pris le contrôle au détriment des hommes. Désormais la puissance productrice n'est plus la personne humaine, mais la machine ; certes, dira-t-on, que c'est l'homme qui a créé ces machines qui le remplacent aujourd'hui. Mais ce que l'on a tendance à oublier ou à ne pas prendre en considération est que : en se faisant remplacer par les machines en vue d'accroitre la production (et de là le capital économique), on viole la stabilité psychique des personnes par le nombre d'emplois arrachés, on déséquilibre de plus belle la société par le nombre de familles qui croupissent dans la misère et le chômage. Et c'est alors à point nommé que tombe l'interpellation de Benoit XVI : « Je voudrais rappeler à tous, et surtout aux gouvernants engagés à donner un nouveau profil aux bases économiques et sociales du monde (…) »[57].

Mounier n'a pas manqué pour sa part, de mettre en exergue l'importance qu'on voue au travail dans nos différentes sociétés actuelles. Cependant, il est bon de souligner que la conception du travail, selon qu'on appartienne à une société de type capitaliste ou non, n'est pas la même. Pour la première (de type capitaliste), le travail est à classer au rang de valeur économique et aussi morale. Nous ne nous faisons pas ici le devoir de considérer le travail comme étant seulement source d'assouvissement de tous nos besoins par la production salariale qu'il génère. Il est aussi et surtout, une condition idoine de formation et de réalisation pour la personne. La vision juridique et politique lui assigne une double fonction de devoir et de droit. C'est un facteur essentiel de cohésion et de reconnaissance sociale aujourd'hui. Il suffit de jeter un coup d'œil sur ce qui

[56] Benoît XVI, *« Le développement humain aujourd'hui », in Caritas in veritate*, n° 25, Juin 2009.
[57] Benoit XVI, *idem.*

se vit actuellement : qui travaille et a une économie stable, celui-là sera respecté. A la différence de la conception marxiste qui fait du travail une valeur économique et morale, nous, avec Mounier, penserons que le travail, outre sa fonction productrice de l'économie, est une condition de formation et de réalisation pour la personne. C'est un facteur primordial de renforcement social, quoique Marx ne manque pas de relever en lui (le travail) une dimension aliénante. En effet, selon Marx, l'homme est la cause de l'aliénation, car le travail dans son essence n'a rien de tel. On rejoint alors cette pensée hobbesienne qui décèle en l'homme ce côté destructeur vis-à-vis de son semblable. L'homme devient ainsi oppresseur de l'homme. Et le mal le plus grand que notre siècle s'inflige est le fait de penser qu'on peut ramener la personne humaine au statut de marchandise : quelle irrationalité !

C'est justement à ce titre que Marx fera allusion à sa théorie de la lutte des classes. Le travail, pensons-le avec Mounier œuvre à la socialisation, et nous met face à la violence du monde. Il n'est nullement question de prétendre à la lumière de Mounier, que le travail à lui seul suffit à construire tout l'édifice humain. Mais il en est une des conditions. Dans le souci d'humaniser le travail, Mounier dira que même s'il travaille, le travail ne suffit pas à faire un homme, l'on est pleinement homme même sans travailler

Le théâtre économique ne se joue qu'au sein d'une société à laquelle appartient la personne, principal protagoniste. Et parlant de société on voit toute suite jaillir la notion du social.

C'est dans la société que se développent des rapports. Et comme sociétés, Mounier distingue en premier lieu la famille, à l'intérieur de laquelle la personne fait pour la toute première fois l'expérience de la relation avec autrui. C'est au sein de celle-ci que la personne développe des sentiments qui sont d'un honneur positif à l'endroit de la famille.

Cependant, la famille, lieu de socialisation primaire, limite la personne en ne lui inculquant que sa manière propre à elle d'appréhender le monde.

Autrement dit, la personne ne verra autrui qu'en fonction de la vision que lui imprime sa famille et ce dès ses premiers pas. Et c'est de cette limitation à soi que jaillissent des soulèvements sociopolitiques, religieux. La famille est aussi utile dans la mesure où elle sert de lieu de jonction entre l'univers privé et le monde public. Au sein de celle-ci, on y apprend des valeurs. Véritable canal médiateur entre la personne[58] et la société prise dans sa globalité, la famille apparait aussi comme le nœud gordien de la totalité personnelle. C'est l'amour qui en est la base, le fondement premier. C'est à juste titre que Mounier affirme : « La famille propriétaire de ses membres, la famille hérissée de droits et de colères, ceux qui se complaisent à en donner cette image furieuse n'ont rien compris à son miracle fragile, tissée par l'amour, éducateur de l'amour »[59].

Mais la personne n'est pas que sujet pour la famille. Elle est aussi portée à étendre ses rapports au niveau de sa société nationale et voire même plus loin. A ce stade, il y a de fortes possibilités d'ouverture à l'universalité. La personne découvre ainsi la multiplicité, qui contribue à son épanouissement et encadre sa croissance en l'aidant à sortir de l'égotisme qui est susceptible de l'emporter. Et Mounier voit donc en la nation « un lieu intégrant de notre vie spirituelle »[60].

Puisque toute notre vie est en lien avec celle des autres, c'est donc par eux que nous voulons être pris et respectés comme valeur. La dimension sociale de la personne s'oriente dans ce rapport bidimensionnel d'elle vers les autres et vice versa, chacune des deux parties visant l'affirmation et la solidification de son être. Et ce rapport trouve sa vérité dans ce qu'il y a d'essentiel à toute société : la sociabilité.

L'Abbé Léon Coly définit cette notion de sociabilité comme étant « cette propension de l'homme à vivre ensemble avec les autres, à communiquer avec

[58] Ici on parle de personne comme univers privé.
[59] E. Mounier, *Le Personnalisme*, op. cit., 117.
[60] *Ibid.*, p. 118.

eux, à les rendre participant de leurs propres expériences et désirs, à partager avec eux les mêmes émotions et les mêmes biens »[61].

C'est avec les autres et par les autres, que notre pensée et notre action trouvent leur accomplissement. L'homme livré à lui-même, n'est pas en mesure de se réaliser : sa venue dans le monde, son évolution dans ce même monde, sa formation..., sont là des points qui relèvent l'inévitable nécessité de s'unir à autrui.

Gardant son unité particulière, la personne est appelée à s'ouvrir à une unité qui se veut plus universelle. La dimension sociale qui porte l'homme au vivre-ensemble, reste primordiale.

Avec le christianisme, la socialité passe du donné naturel au méta naturel. La personne se conçoit dès lors comme *imago Dei* et jouit ainsi d'un droit incorruptible, inaliénable. Elle est convoquée avec autrui dont elle partage l'humanité, à s'unir pour une vie commune. Plaçant au sommet de cette communauté de destins la personne du Christ, les chrétiens se voient désormais comme un seul corps, uni et fondé sur la base de l'amour. Chacun des membres de la communauté se considérant frère et responsable de son semblable. C'est à juste titre qu'on peut affirmer : « Tout Homme est mon frère »[62].

On fait face à une véritable philosophie du prochain, qui appelle au respect et à la dignité de la personne humaine. Avec Mounier, tout homme ne se réduit pas seulement à cet autre, mais au-delà, c'est un tu face à moi et avec qui je forme une seule et même réalité. C'est un tu, miroir de mon existence, qui m'aide à me connaitre. Et dans le même mouvement, Gabriel Marcel estime que si la religion existe, c'est bien parce qu'il y a les autres. Il n'y a pas de religion qui se vive seul. Et du point de vue de Mounier la personne est vouée à créer un prochain autour d'elle. On peut voir en cela cette capacité d'auto-transcendance

---

[61] Abbé Léon Coly, *Vérité de l'histoire et destin de la personne humaine*, L'Harmattan, 2006, p. 275.
[62] Gennaro Cicchese, *Tout homme est mon frère : La nouveauté chrétienne, in « Unité et Charismes »*, n° 1/2000, pp. 6-7.

qui met en expansion l'homme vers les autres, pour une communion plus ouverte.

Le discours sur l'homme a depuis l'ère classique, présenté ce dernier comme animal marqué par la faculté de raisonner, qui fait sa particularité. Lorsqu'il est pris singulièrement. La philosophie orientée vers la personne voit donc en cette rationalité, une « relationnalité »[63] qui étendra ses racines de manière tripartite : son point de départ étant elle-même, la personne se rend compte de son être au monde, elle établit des contacts avec ses semblables, en fin de compte, elle se sent interpellée et prend position parmi tous les êtres, en participant à l'évolution du monde d'où elle a jailli.

Et c'est lieu de dire avec Cicchese que : « L'homme a une capacité d'ouverture à des ensembles relationnels toujours plus vastes, une ouverture qui n'a pas de limite et se lance vers l'infini, c'est-à-dire en définitive vers l'Autre, avec un A majuscule »[64].

La société n'implique pas l'oubli de soi, tout au contraire. Connaitre l'autre, c'est aussi se connaitre, étant donné qu'autrui est pour moi un miroir qui me renvoie mon reflet.

La personne sociale est une personne de la *polis*[65]. Et qui dit société dit également gouvernance. Cela nous introduit dans la sphère politique de la personne. C'est pour pallier toute hégémonie des uns envers les autres, que les hommes ont jugé bon et utile de se mettre ensemble, afin de parvenir à un consensus qui règle le vivre-ensemble. Et ce consensus, des philosophes comme Jean-Jacques Rousseau, Thomas Hobbes et John Locke l'ont appelé « contrat social » ou encore « pacte ». Par ricochet, la dimension sociale de la personne n'est que la résultante de cet accord qui rapproche les hommes. C'est à juste titre qu'avec l'Abbé Léon Coly, on voit que l'homme perd sa nature du moment où il

[63] Néologisme, employé pour désigner le caractère relationnel de la personne.
[64] Gennaro Cicchese, *La personne, « être-en-relation », in « Unité et Charismes »*, n° 3/2001, pp. 4-9.
[65] Terme grec employé pour désigner la cité.

est relation avec autrui. Il devient donc un produit artificiel, et l'Etat également en devient un, puisqu'il est sorti, achevé de la pensée des hommes.

Les Grecs voyaient l'homme comme *politikôn zoon*, c'est-à-dire destiné à vivre dans la cité. Cette conception a évolué depuis bien des siècles, au point où, de nos jours on ne parle plus de l'homme politique au sens Grec du terme, mais de politique au sens de l'homme *technologisé*, le quatrième homme, l'homme contemporain. Les termes qui reviennent très souvent lorsqu'on parle de politique sont : l'Etat, la Démocratie, la Nation etc.

Face à toute cette évolution qui semble avoir relégué la personne à l'arrière-plan, Mounier vient rappeler que la politique n'est pas le sommet de l'existence humaine. Cependant, en toute chose, on peut avoir une dimension politique. Et l'Etat, né d'un pacte entre les hommes n'est rien d'autre que la banque qui abrite le coffre-fort du droit humain. Et ce droit proprement dit, est ce qui garantit les structures de la personne.
Mounier dira « l'Etat est pour l'homme, non l'homme pour l'Etat »[66].

Le personnalisme se sent visé ici face à l'abus de puissance des hommes sur leurs semblables. Il y a donc, de nos jours une contradiction de vie compte tenu des accords de départ qui garantissaient une égalité de pouvoir entre les hommes. Ce qui pousse encore Mounier à dire que : « le pouvoir (...) est fatalement corrupteur et oppressif, quelle que soit sa structure »[67].

La vision personnaliste place la personne au centre des préoccupations premières de la politique, du pouvoir, parce que c'est sur elle que se fonde ce pouvoir. Sans la personne, on ne parlera pas de politique, de pouvoir etc. C'est la raison pour laquelle le personnalisme de Mounier, se veut défenseur de celle-ci, en exigeant sa protection contre tout dépassement de limite de puissance.

On ne dit pas ici que la personne ne doit pas obéir aux lois qui régissent sa vie en société, mais que ces lois la considèrent d'abord comme sujet libre et

[66] E. Mounier, op. cit., p. 120.
[67] *Idem.*

souverain. Cette souveraineté est le témoignage, l'authentification d'une société faite de personnes, bien structurée par la raison, le bon droit et la justice.

La politique telle que vécue de nos jours se fait en terme de partis, où chacun s'épanouit en défendant librement son opinion et ses idéologies. Et dans un des numéros de la revue « Esprit », Mounier pense que si chaque parti a un statut, cela peut être un sédatif face à toutes ces incompréhensions auxquelles le monde fait face dans le domaine du pouvoir[68].

Et la démocratie, puisqu'il s'agit d'elle pour l'homme contemporain, a pour devoir de créer de nouvelles structures pour l'éducation, en vue d'un nouvel ordre social. Les conflits auxquels on assiste depuis bien des années ne sont rien d'autre que l'expression d'un mécontentement du peuple qui se voit trahi par le garant de son pouvoir. En ce moment, la souveraineté du peuple fait pression sur le pouvoir établi. C'est l'exemple vécu avec la crise post électorale en Côté d'ivoire, l'actuel problème qui défigure la Lybie, ou encore celui qu'a récemment connu la Tunisie[69].

Mounier trouve que lorsque la force s'en mêle, l'Etat fait fi de son histoire et de ses racines, et contre-agit en considérant les revendications populaires comme non légales. La démocratie devrait tenir compte de tous les aspects de la vie des personnes et œuvrer à les promouvoir. Et l'éducation faisant partie de ces aspects, il faut bien également tenir compte de la sphère culturelle de la personne qui fait d'elle cet être particulier parmi ses semblables : la personne est aussi sujet d'éducation et de culture.

[68] Cf. *Le régime des partis. Bilan-avenir*, numéro spécial d'*Esprit*, Mai 1939.
[69] Nous sommes dans l'année 2011.

Chapitre II

L'EDUCATION DE LA PERSONNE ET LE PROBLEME DE LA CULTURE

A partir du moment où elle vient au monde, la personne qui se trouve en l'homme est sujette à l'éducation. Mounier le précise si bien et il affirme que « la formation de la personne en l'homme, et de l'homme aux exigences individuelles et collectives de l'univers personnel, commence à la naissance. »[70] C'est aussi là l'occasion de rappeler que c'est de l'homme qu'émerge la personne. Mais cette éducation ne doit pas se concevoir seulement dans les limites familiales, ou sociales, ou encore étatiques, tant il est vrai que c'est à l'intérieur de l'une ou de l'autre sphère que se déroule le processus éducatif.

L'éducation se définit, du point de vue de la langue française comme « développement des facultés physiques, intellectuelles et morales », ou encore, comme « connaissances et pratiques de la société »[71]. On dira par exemple, cet homme est sans éducation, ou encore cet homme a une bonne éducation. L'éducation tient, ou doit tenir compte de l'auto transcendance de la personne. En effet, la personne perçue comme dépassement de soi, n'est ni *res societatis*, ni *res familiae*, ni *res Ecclesiae*[72]. Ce qui ne lui confère pas non plus le statut de sujet mis à part, dans la simple mesure où il partage avec ses semblables, une humanité commune et variée. L'homme contemporain a cette fâcheuse tendance à fausser l'appréhension de la notion de l'éducation, en la réduisant à l'école.

[70] E. Mounier, *Le Personnalisme*, p. 123.
[71] *Le Petit Robert, Dictionnaire de la langue française.*
[72] E. Mounier, idem.

L'école dans le personnalisme de Mounier n'est pas l'actrice principale dans le scénario éducatif. Penser le contraire c'est faire fausse route.

Mounier remonte l'éducation depuis l'avènement de la personne. Il le dit de façon plus distincte en ces termes : « La formation de la personne en l'homme, et de l'homme aux exigences individuelles et collectives de l'univers personnel, commence à la naissance. »[73]

C'est l'occasion pour nous de rappeler que c'est de l'homme qu'émerge la personne. L'éducation reste la plus commune des choses partagées dans notre monde. Mais la question de son application reste ce qui aux yeux de Mounier demande une profonde révision. L'éducation, au sens que donne Mounier se détourne des dangers que peuvent occasionner les idéologies très mal conçues : l'éducation, la vraie éducation que prône le personnalisme n'est pas un système qui abuse de quelque dimension de l'homme.

Mounier va faire de la philosophie le véritable levier de développement de la personne ; et elle est selon lui, une voie d'accès indispensable à l'humanité. La vraie éducation selon la vision de Mounier ne se résume pas dans l'agir extérieur conditionné par un ensemble de valeurs s'appliquant sur le sujet dans le but de conformer sa pensée, son comportement et même son expression, aux exigences que lui imposent les ainés. C'est une promotion de la personne dans tout son ensemble.

Mounier ira jusqu'à mettre en garde contre toute tendance du personnalisme à vouloir verser dans l'idéologie : « Le personnalisme n'est pas un système. Le personnalisme est une philosophie, il n'est pas seulement une attitude. Il est philosophie, il n'est pas un système. »[74]

[73] Le personnalisme, p.123.
[74] Ibidem, p.4.

La réalité humaine prise en charge par l'œuvre de Mounier et qui dépasse toute les frontières de nos jours[75] est purement produit éducatif, dérivé des systèmes éducatifs mis en question par le personnalisme.

L'être de l'homme se précise dans ses habitudes, et celles-ci sont généralement la résultante culturelle, avec comme motif la sécurité. Cette attitude embrigade la personne, et incite Mounier à penser la liberté tout en invitant l'humain à un culte de la bravoure. Ainsi, la philosophie de la *praxis* que sa pensée étale comme soubassement de l'action éducative, prend appuie sur la philosophie des Lumières qui elles-mêmes reposent sur le principe de la nécessité d'émancipation pour l'homme.

Dans la mesure où nous demeurons captifs du système éducatif mis en place, nous n'avons pas encore aux yeux de Mounier accès au statu de personne. Et Mounier considère comme prisonniers, marionnettes d'un système d'idéologies donné, tous ceux qui se laissent influencer par une telle attitude. Il nous incombe de nous améliorer nous-mêmes, et ce faisant, avec les autres.

Mounier se veut encore plus réaliste que les philosophes des Lumières, étant donné qu'il va contre cette force qui opprime l'homme dans son évolution, dans son émancipation et sa liberté, dans sa maturation. Il dira par exemple que : « La masse des hommes préfèrent la servitude dans la sécurité au risque dans l'indépendance, la vie matérielle et végétative à l'aventure humaine. Cependant, la révolte sous le dressage, la résistance à l'oppression, le refus de l'avilissement sont le privilège inaliénable de la personne, sa dernière ressource quand le monde se dresse contre son règne»[76].

Pour Mounier, la relation que la personne entretient avec l'histoire se trouve elle-même très souvent enfermée dans ses propres renoncements. Et ce n'est que dans l'épanouissement que l'homme peut se libérer. Mounier a foi en

[75] Qu'elle soit Africaine ou Européenne par exemple comme le dit si bien Mounier dans *Œuvres*, tome I, « La pensée de Charles Péguy », Paris, Seuil, 1961, p.30.
[76] *Le Personnalisme*, p.65.

l'homme à « trois cent soixante degrés (360°)[77] ». Et contre cet emprisonnement idéologique de la personne, il nous rappelle qu'une personne est un être libre de choix et par conséquent rien ne doit lui être imposé. Elle doit s'engager de façon libre et responsable.

L'éducation doit être en lien avec la révolution personnaliste du fait que celle-ci subit les effets de transformation du spirituel. Pour mieux saisir le point de vue du personnalisme sur l'éducation, il faut faire un *flashback* dans l'histoire pour se rendre finalement compte que cette réalité qui coordonne l'éducation[78] est bidimensionnelle : la science grecque associée à la sagesse juive et chrétienne.

Mounier fustige l'éducation de son temps à cause des défauts qui l'entachaient : seuls les bourgeois par exemple pouvaient prétendre à une éducation. On voit combien l'argent et le pouvoir vont de paire, ce qui entraine évidemment une pratique individualiste car on ne pense pas à la solidarité, on ne la connait même pas.

En Afrique par exemple, c'est tout autre chose : l'éducation est calquée sur le modèle colonial et Mounier souligne le déphasage qui existe entre ce modèle imposé d'éducation et la réalité vécue.

En effet, les sociétés Africaines n'ont pas été prises en compte dans leur intégralité par les forces coloniales qui se sont imposées. Cette école est sous la direction de l'idéologie au point d'oublier ses propres problèmes. C'est contre tout ceci que Mounier s'insurge, et il va jusqu'à ériger le personnalisme au rang de citoyen libre et universel.

Cependant, il faut reconnaitre à l'école sa capacité à assumer l'éducation de la personne dans sa totalité, puisqu'elle a charge de former des hommes pour le service et les intérêts de tous.

---

[77] Il faut entendre par là l'homme dans toute sa dimension, dans toutes les couches qui le constituent.

[78] Nous sommes en Europe.

Le quatrième homme, comme nous le révèle Mounier, a fait de l'école une institution nationale qui a le devoir de dispenser certaines connaissances utiles pour la vie de l'homme, dans une liberté équilibrée. La famille est à placer au centre puisque c'est au sein d'elle que les bases s'établissent, pour s'étendre à la société générale, d'où l'Eglise pour le chrétien vient jouer le rôle de continuateur. L'éducation de nos jours se laisse mêler et ce, de façon grandissante aux problèmes de démocratie et de droits de l'homme. L'accès à l'éducation est devenu un souci majeur élevé à l'échelle mondiale.

Cela est au cœur des échanges mondiaux. Il faut s'accorder pour reconnaitre à l'éducation un droit capital et la voir comme facteur de croissance et de développement total de la personne humaine insérée dans la société. Elle est garante d'une fonction véritablement importante, en ceci qu'elle a toujours été perçue comme le préalable au développement de la personne et de la société, comme condition première de toute mutation structurelle, sociale et économique.

On peut la percevoir comme le catalyseur qui assure et garantit l'immortalité des connaissances et leur approfondissement, tout en tenant compte de la réalité sociale, politique, économique et aussi culturelle.

L'éducation prend sur elle toutes les fonctions qui ont trait direct ou non avec la société. Son rôle est la formation des individus et des critiques, mais avant tout, des personnes humaines. Elle est supposée au XXIème siècle, aider l'homme à entretenir avec son milieu naturel une relation symbiotique et harmonieuse. L'éducation s'appuie sur quatre principes importants qui sont :

- *L'apprentissage à la connaissance* qui passe par la composition d'une culture assez vaste avec la possibilité de la creuser en profondeur ; c'est en quelque sorte apprendre à apprendre.

- *Apprendre à faire* : c'est acquérir une compétence qui rende apte à faire face à de multiples cas, et aide à la collaboration interpersonnelle.
- *Se mettre à l'école du vivre-ensemble* : cela nous pousse (ou devrait nous pousser) à mieux comprendre autrui en face de nous, et nous accepter dans toutes nos différences.
- *Apprendre à être* : cela permet de rendre joyeuse notre personnalité et donne plus de vigueur en invitant à la responsabilité personnelle.

La question de l'éducation reste liée à celle de la culture de la personne. Et celle-ci n'est pas à prendre à part, étant donné qu'elle influe sur la vie de la personne. Et Mounier déclare que tout est culture pour un être en croissance[79].

On peut donc dire à la suite de Mounier que pour l'homme, tout est culture. Cela se vérifie par exemple à travers les systèmes de construction des habitats, les styles vestimentaires, les comportements sociaux. La culture aux yeux de Mounier est le tout de la vie chez la personne. Il le dit en ces termes : « La culture n'est pas un secteur, mais une fonction globale de la vie personnelle. »[80]

La culture régie tout l'homme dans son rapport avec son entourage, dans son rapport avec la nature également. Contre les tendances qui ont pensé la culture comme manière exclusive d'inculquer et d'emmagasiner le savoir, Mounier va aller contre car selon lui, la culture c'est « une transformation profonde du sujet, qui le dispose à plus de disponibilités par plus d'appels intérieurs. »[81]

Tout comme l'éducation, la culture n'est pas à dicter. Elle est suscitée en la personne et grandit ainsi avec elle.

---

[79] *Ibidem*, p. 124.
[80] *Le Personnalisme*, p. 124.
[81] Idem.

La culture, bien qu'elle soit en rapport avec l'éducation, ne se limite pas à un amas de connaissances. Au contraire, c'est une fonction transformatrice de l'homme, qui le rappelle à lui-même. Elle est ce dont on se souvient quand tout semble perdu, y compris l'homme lui-même. La culture n'est pas un artifice dicté, c'est un éveil grandissant dans la liberté du sujet même qui y est soumis.

Puisque la personne est auto-transcendance, et que, en quelque sorte, « la culture est la nature de la personne », la culture est donc *transcendance*. Et sa fin n'est pas sans conséquences : elle perd son sens lorsqu'elle cesse d'être, se transforme en spécialité du moment qu'elle ne vise pas l'universalité, et prend la forme d'un système quand elle se perd dans l'universel total.

Il s'agit ici de l'homme-personne à 360°, c'est-à-dire, l'homme dans son ensemble global, le sujet relationnel et culturel. C'est à travers sa culture que l'homme marque sa relation avec les autres, hommes comme lui mais différents de lui.

La culture, c'est ce qui rend tel peuple différent de tel autre, et telle nation particulière par rapport à telle autre. En effet, un groupe « X », choisit librement de se représenter le réel différemment d'un autre groupe « Y ». Chacun des deux groupes subissant les aléas géographiques. La culture n'est rien d'autre que le condensé de l'histoire propre à un peuple. Elle se situe dans un espace et est déterminée par le temps. Le monde moderne offre par exemple à l'homme dit « technologisé » une vision qui n'est pas celle de *l'homo religious*[82].

Le monde actuel parlera par exemple du corps comme objet de culture : on dira de tel homme qu'il a une bonne culture de son corps, en faisant allusion à la mode. Et le terme le plus en vogue est celui du *BodyBuilding*[83].

Si l'on se place du côté du sujet, la culture s'entend définir comme travail de l'esprit dans l'optique d'acquérir une connaissance globale ou alors partielle.

[82] Parlant de l'homme religieux de l'ère chrétienne, consacrant toute sa vie à la recherche de Dieu à travers la prière et les exercices spirituels, mais aussi par une discipline du corps et de l'esprit.
[83] Terme anglais qui désigne la transformation que l'on fait subir à son corps en vue d'une image captivante, très souvent utilisée à des fins de *marketing*.

Elle se confond donc à l'intelligence. Ne dira-t- on pas d'une personne qu'elle a une bonne culture philosophique ou littéraire ? On peut la prendre au sens de l'éducation lorsqu'on emploie certaines langues pour la désigner à l'instar de l'Allemand.

Pour certains penseurs, parler de culture c'est accepter de s'ouvrir à l'universalité. Mais, se plaçant du côté de l'objet, la culture revêt la coloration d'une mise en exercice de l'esprit et du corps, en rapport avec le style de vie, d'habillement, de manger, de parler, de construire etc. la culture est donc perçue à la fois comme le ciment et la pierre angulaire d'un peuple, d'une société, d'une nation. Elle est l'expression totale de l'être, le moyen de compréhension d'une personne, d'un peuple, d'une nation.

L'homme *Diola*, au sud du Sénégal, porte partout avec lui sa « diolaïté ». Il en est de même pour le *Guidar*, au nord du Cameroun : il est le fruit de la « guidarité » de sa société. Ce qui peut sembler frappant à première tentative de comparaison, c'est que ces deux groupes se voient bien distincts dans le langage. Le langage apparait aussi comme facteur de l'expression culturelle d'une société.

La culture est une civilisation en mouvement. Et qui dit civilisation dit transformation par l'homme de la nature, dans le souci de son développement. La civilisation naît de l'homme, part de l'homme pour finalement atteindre l'homme.

Bien qu'elle soit civilisation en mouvement, la culture garde un lien profond avec la nature. La nature est ce qui peut être transformée, et la culture est ce qui transforme. La culture oriente donc la nature, en lui donnant une direction, une allure.

De ce fait, l'être humain destiné à une pleine humanité dans la prise en charge de sa dimension personnelle, est le lieu où cohabitent sans cesse le naturel et le culturel, au point où M. Duffrenne affirme que : « La nature ne se développe pas sans la culture, au point qu'en un sens, la culture fait partie encore de la nature »[84].

L'Abbé Coly, va jusqu'à caractériser la culture à trois échelles : son origine, sa forme et sa finalité[85]. Parlant de son origine, il est nécessaire de dire que la culture a comme point de départ l'homme. Et parce qu'il y a modification du principe d'origine qui est la nature par l'action de l'homme, alors on peut parler de culture.

Faisant référence à sa forme, la culture peut se sentir et s'exprimer dans ce que vit l'homme au quotidien : on la perçoit dans les œuvres à portée artistique, la musique, la religion. En ce qui concerne la finalité, la culture, disons-le, touche au rapport avec Dieu, elle atteint l'homme et se jette sur la nature.

La culture tout comme la civilisation, sont là des notions importantes pour la libération de l'homme et la maîtrise de soi : « connais-toi toi-même », disait Socrate par la bouche de son disciple Platon. La culture est le facteur capital de mise en valeur de la personne humaine.

Disant que la culture permet de se connaitre et de connaitre l'autre, on est tenté de penser comme Heidegger qui voit dans le langage la condition de dévoilement de l'être. Le langage étant aussi élément de culture. La culture nous rend plus humains et par nous, notre monde.

Il est important de noter qu'à l'ère du quatrième homme, le personnalisme se veut revisiter, afin de mieux affronter les problèmes actuels. Pour cela, il faut qu'il soit d'abord revivifié pour alors se donner.

Le personnalisme de Mounier n'a pas été toujours bien perçu. Moult contestations aussi bien dans le domaine de la philosophie que dans celui de la politique. Des milieux de laïcité ont vu dans ce courant de pensée une vraie attitude dirigée à l'endroit du catholicisme ; ce qui laisse certains à le penser comme encombrant.

---

[84] M. Dufrenne, « Personnalité de base », *in Concept sociologique,* P.U.F., Paris, 1966, p. 70.
[85] Abbé Léon Coly, op. cit., p. 307.

Les évènements auxquels notre siècle est sans cesse acteur à double casquettes (participant et en même tant figurant) portent à croire qu'il serait juste de recourir au personnalisme pour construire une société assez riche d'avenir. Au lieu de s'attaquer à ce courant porteur d'espoir, l'heure est tout au contraire de nous activer à le porter plus haut en commençant par l'étendre, en lui enlevant tout aspect « sectaire »[86].

Ensuite, en élaguant toute couche personnelle, on lui découvre son caractère non égoïste, pour enfin lui faire arborer des vêtements neufs.

Il a été donné à ce mouvement la caricature d'une lutte à la faveur chrétienne. Or, dans l'esprit de son initiateur, il était question, comme le dit Marcel Bolle De Bal, « de tenter de tracer une troisième voie entre le libéralisme sauvage et le socialisme totalitaire »[87].

Pour Mounier, la pièce motrice des institutions politico-sociales, le facteur primordial de toute métamorphose sociale et de toute administration, c'est la personne.

Ce à quoi est confronté l'homme actuel atteste de la nécessité d'une telle pensée. Qui de nos jours ne perçoit le désarroi des différents systèmes ? Il semble plus facile de n'accorder du crédit à rien du tout, au point même de ne plus considérer la vie humaine incarnée par la personne. L'incertitude gagne du terrain, les systèmes politiques en place sont interpellés, c'est le cas par exemple du monde arabe avec son « printemps arabe »[88].

Il serait quasi insensé de considérer que le personnalisme ne saurait apporter une solution aux tourments qui hantent et terrorisent la contemporanéité, car, comme le souligne Bolle De Bal, c'est ce courant « qui

[86] Il faut sortir de cette conception selon laquelle le personnalisme est pour une classe bien précise à savoir le catholicisme. Il faut désormais la penser au niveau général de relations, sans distinction aucune de sexe, d'âge, de pays ou encore de confession religieuse. Le personnalisme est pour tous.

[87] Marcel BOLLE DE BAL, « Et si on revivifiait le personnalisme », in *Enjeux Internationaux*, n° 7, 1er trimestre, 2005, p. 4.

[88] Nous sommes dans l'année 2011, avec les différentes tensions qui secouent le monde arabe, les revendications du peuple conduisent à des guerres et violences de tout genre qui se succèdent, et où des personnes humaines sont tuées, torturées.

propose de mettre en valeur la « personne », être social et relié, par-delà les limites humaines de l'individu solitaire du libéralisme et de l'individu conditionné du communisme »[89].

Dans un monde ayant perdu ses repères, le personnalisme se fait la mission « de réintroduire de l'humain (…) »[90]. Le personnalisme, certes a une lecture chrétienne, mais lecture qui transcende les frontières même de la religion. Ainsi, va son élargissement. Il n'est plus personnalisme pour Mounier et pour la société occidentale, mais il est personnalisme pour notre temps. Bolle de Bal pense qu'en plus de l'élargir, il faut débarrasser le personnalisme de son caractère religieux pour le rendre encore plus laïc. Cela se comprend du fait que Mounier était chrétien catholique bien engagé.

En tant qu'homme de relations, Mounier a voulu que toutes les couches et toutes les confessions religieuses se reconnaissent dans son discours. Pour lui, nous rappelle encore Bolle de Bal, « la fermeté (des convictions) et l'ouverture (des discours) étaient ce qu'il recherchait »[91].

---

[89] Bolle De Bal, op. cit., p. 5.
[90] *Idem.*
[91] *Idem.*

CONCLUSION

La question du Personnalisme reste de nos jours une priorité à cause de son caractère universel. Anti individualiste, il vient signifier à l'homme toute sa place, toute son importance dans la société où il est inséré.

Dans un monde comme le nôtre où toutes les valeurs semblent avoir disparu, ou quand elles existent sont banalisées, Mounier vient proposer cette réflexion qui remet à la place qu'il faut, la personne dans tout son ensemble. Nous avons eu à faire état de la phénoménologie de la personne pour voir ce que peut contenir l'univers personnel.

A présent, il est question pour nous de voir dans quelle mesure le Personnalisme de Mounier peut être une réponse aux maux de notre siècle. En effet, celui-ci ne connait plus la personne comme valeur au dessus des valeurs, mais plutôt comme objet de rentabilité économique, comme objet de satisfaction des pulsions. Ce sont déjà ces maux que vivait Mounier lorsqu'il a pensé la Personne.

Et ce que l'on retient de lui c'est qu'il conçoit la personne non comme objet au même degré qu'un stylo ou une table, mais plutôt comme une réalité pleine d'elle-même, c'est-à-dire de sa personnalité propre, ce qui la différencie des autres. Cependant, Mounier ne va pas donner de définition de la personne : « On s'attendait à ce que le personnalisme commençât par définir la personne. Mais on ne définit que des objets extérieurs à l'homme, et que l'on peut placer sous le regard. »[92].

Bien qu'ouverte à l'universalité, la personne garde toute sa singularité. Le personnalisme de Mounier *n'est pas un système*[93], c'est une philosophie qui est axée sur la personne en tant que valeur réelle, de liberté et capable de produire.

[92] E. Mounier, *Le Personnalisme*, P.U.F., p. 5.
[93] Ibidem, p.4.

A travers cette question du personnalisme, Mounier a fait grand écho à travers ses critiques et ses continuateurs. Paul Ricoeur[94] par exemple va publier dans un numéro de la revue *Esprit*, un article intitulé « Une philosophie personnaliste »[95] Dans cet article, Ricoeur étale la condition humaine que va désormais prendre en charge la pensée. Ainsi, de façon distincte, il expose le personnalisme d'Emmanuel Mounier en deux mouvements particuliers :

Tout d'abord, il le présente comme une *morale civilisatrice personnaliste*, et enfin, comme une *exégèse personnaliste* de toutes les philosophies qui traitent de l'existence.

Pour les lecteurs qui découvrent la première fois le personnalisme de Mounier, la question qu'on peut inéluctablement se poser est celle de savoir si c'est une philosophie, et comment la déterminer ? La *Révolution personnaliste et Communautaire*[96] est sans doute le lieu où la réponse peut être donnée à ces interrogations. Mais le véritable endroit où il faut mener ses investigations pour aboutir à une réponse claire est *Le Personnalisme*, qui donne un exposé pédagogique et méthodique sur la question elle-même.

Nous l'avons dit ci-dessus, le personnalisme se veut une morale civilisatrice. C'est chez Mounier que le concept prend véritablement sa forme et sa signification[97], et devient de ce fait, une philosophie vouée à l'engagement. A cause du souci qu'il a pour l'humanité, Mounier propose le personnalisme comme la bannière de la lutte intellectuelle et politique. Cette mission civilisatrice est mise en exergue dans son ouvrage *Le Personnalisme*.

En effet, c'est devant la fadeur et la pâleur de la notion de personne qui entraina en Europe surtout[98] la défense de l'humanisme personnel qui menaçait

---

[94] Paul Ricoeur est un philosophe contemporain français (1913-2005). Il a été d'un apport remarquable à la revue française *Esprit* d'Emmanuel Mounier, créée en 1932.

[95] Paul Ricoeur, « Une philosophie personnaliste », in *Emmanuel Mounier, Coll. Esprit*, Paris, Seuil, 1950, p. 860-887.

[96] E. Mounier, *Révolution personnaliste et Communautaire*, Coll. *Esprit*, Montaigne, Paris, 1935.

[97] Le concept a d'abord été employé en 1903 par Renouvier, pour identifier sa philosophie.

[98] En 1932, le concept de personne revenait dans les premiers travaux faits par la revue *Esprit*, concernant la crise politico-spirituelle qui menaçait l'Europe.

la culture et l'évolution de la personne, que Mounier, en remettant cela en cause, va se laisser saisir par l'histoire et ce qui se vivait : la dévalorisation de la culture, et de la personne causée par le vent du modernisme à la sortie de la Renaissance. Le mouvement personnaliste se veut une nouvelle manière de penser la culture, la société, la vie politique, le côté artistique et spirituel, et même la dimension scientifique, bref tout ce qui concours à l'*hommeïté*[99].

Le personnalisme est une pédagogie pour l'épanouissement de la personne humaine. Il qualifie « l'ensemble des consentements premiers qui peuvent asseoir une civilisation dévouée à la personne humaine. »[100] Le personnalisme de Mounier a bien connu une dynamique. Elle est une philosophie qui sort du commun et donc à considérer avec beaucoup d'estime. Et Francis Jeanson corrobore par ces propos : « J'avais relu toute l'œuvre de Mounier, et puis j'avais essayé de la traiter comme on traite une philosophie : j'y avais reconnu des concepts, dégagé des thèmes, repéré des contradictions… tenté d'y ressaisir une ligne maitresse, une orientation fondamentale…Et puis j'ai dû me rendre à l'évidence : loin d'atteindre l'œuvre et la pensée qui l'avait inspiré, ma propre pensée ne rencontrait qu'elle-même, annulant, de démarche en démarche, ses propres résultats. »[101]

Contre ceux qui voient le personnalisme comme un système achevé, Paul Ricoeur vient rappeler que la pensée de Mounier dépasse ce que nous comprenons de la philosophie au sens général, étant donné que le personnalisme au début était une méthode d'apprentissage à la vie en communauté, dans le souci de l'épanouissement, de l'éveil de la personne humaine. Pour Mounier, le personnalisme, en tant que philosophie permet à la société en générale de se personnaliser et de repenser ses valeurs.

---

[99] L'expression est de nous, et nous l'employons pour désigner tout ce qui constitue l'homme. Ce qui fait que l'homme soit pleinement homme.

[100] E. Mounier, *Manifeste au service du personnalisme*, Editions du Seuil, Paris, 1961, p.8.

[101] Francis Jeanson, « Une pensée combattante », in *Emmanuel Mounier 1905-1950*, Coll. Esprit, Paris, seuil, 1950, p. 852.

La personne est un être de relation, et de son rapport avec les autres, dépend son accès à l'humanité. Le personnalisme apparait alors comme une philosophie des valeurs qui met en exergue la dimension personnelle de la communauté au-delà du caractère communautaire de l'accomplissement de la personne humaine. Le personnalisme n'est pas seulement une philosophie de l'Europe, mais de nos jours, elle s'étend à l'universel, en ceci que, chacun, indépendamment de sa nature, de sa culture, de sa religion, de sa classe sociale, de son option politique, se sent interpellé et invité à un engagement radical, pour réaliser l'humanité concrète et vraie. On n'est homme qu'au milieu des autres hommes, on ne devient personne qu'en se libérant de l'individualisme et des passions égoïstes qui nous emprisonnent. On est homme au milieu des autres hommes, mais on est personnes grâce aux autres, avec les autres et pour les autres.

Face aux sciences dites objectives portant sur l'homme, le personnalisme révèle le caractère extraordinaire et insaisissable de la personne. Le face-à face du personnalisme et des sciences objectives de l'homme nous éclaire davantage sur la compréhension de l'homme comme valeur. Le personnalisme place au cœur de son combat la personne. Il est à la quête, sous le nom de personne, d'un mode typiquement humain de l'existence qui se vit et se traduit dans le vivre-ensemble. La notion d'altérité se voit ici soutenue par le souci de la construction d'une communion. La personne est mouvement d'être vers l'être, ce qui veut dire que, la liberté que prône le personnalisme ne constitue pas l'essence de la personne, mais elle traduit la façon dont la personne est ce qu'elle est.

BIBLIOGRAPHIE

- Benoît XVI, *Caritas in Veritate*, Juin, 2009.
- CICCHESE Gennaro, *Du « Premier » au « quatrième » homme,* Cours de philosophie de l'Homme, Inédit, Dakar, 2010-2011.
- CICCHESE Gennaro, *Tout homme est mon frère : La nouveauté chrétienne, in « Unité et Charismes »,* n° 1/2000, pp. 6-11.
- CICCHESE Gennaro, *La personne, « être-en-relation », in « Unité et Charismes »,* n° 3/2001, pp. 4-9.
- COLY Abbé Léon, *Vérité de l'histoire et destin de la personne humaine,* l'Harmattan, 2004.
- LACROIX Jean, *Travail et condition humaine*, Fayard, Paris, 1963.
- DUFRENNE M., *Concept sociologique*, P.U.F., Paris, 1966.
- GRAWITZ Madeleine, *Lexique des sciences sociales*, Dalloz, Paris, 2004, 8e édition.
- HUXLEY Thomas Henry, *Man's place in nature and other essay,* Londres, 1933.
- JEANSON Francis, « Une pensée combattante », *In Emmanuel Mounier 1905-1950*, Collection Esprit, Seuil, Paris, 1950.
- MARCEL Gabriel, *Être et avoir*, Aubier, Paris, 1935.
- MARX Karl, « Thèses sur Feuerbach », *in Etudes philosophiques*, P.U.F., Paris, 1926.
- MIN Thierry, « L'Engagement, une valeur emblématique chez Camus et Mounier », *In Le Portique*, Cahier I, 2003, pp.8.

- MOUNIER Emmanuel, *Le Personnalisme*, P.U.F., « Que Sais-Je ? », Paris, 1985, 14e édition.
- MOUNIER Emmanuel, *Introduction aux existentialismes,* Editions DENOËL, Paris, 1947.
- MOUNIER Emmanuel, *L'Argent, misère du pauvre, misère du riche, Esprit,* 1er Octobre, 1933, pp.124.
- MOUNIER Emmanuel, *Révolution personnaliste et communautaire,* Collection Esprit, Montaigne, Paris, 1935.
- MOUNIER Emmanuel, *Manifeste au service du personnalisme*, Seuil, Paris, 1961.
- *Petit Robert*, Dictionnaire de la langue française.
- RICOEUR Paul, « Une philosophie personnaliste », in *Emmanuel Mounier,* Collection Esprit, Seuil, 1950.

WEBOGRAPHIE

- www.wikipédia.fr
- www.google.fr
- www.enjeux-internationaux.org

TABLE DES MATIERES

yes

I want morebooks!

Buy your books fast and straightforward online - at one of world's fastest growing online book stores! Environmentally sound due to Print-on-Demand technologies.

Buy your books online at
www.morebooks.shop

Achetez vos livres en ligne, vite et bien, sur l'une des librairies en ligne les plus performantes au monde!
En protégeant nos ressources et notre environnement grâce à l'impression à la demande.

La librairie en ligne pour acheter plus vite
www.morebooks.shop

KS OmniScriptum Publishing
Brivibas gatve 197
LV-1039 Riga, Latvia
Telefax: +371 686 204 55

info@omniscriptum.com
www.omniscriptum.com

Printed by Books on Demand GmbH, Norderstedt / Germany